LE
PETIT COLIN,
OU
ABÉCÉDAIRE
DES
PETITS ENFANS DU BON DIEU.

Nouvelle édition, revue et corrigée.

A BAR-LE-DUC,
Chez LAGUERRE, Libraire-Editeur, rue Rousseau, 14.
— 1838. —

Bar-le-Duc.
Imprimerie de LAGUERRE-NÈVE aîné, rue Rousseau, 14.

Alphabet en lettres capitales.

A	B
C	D
E	F
G	H

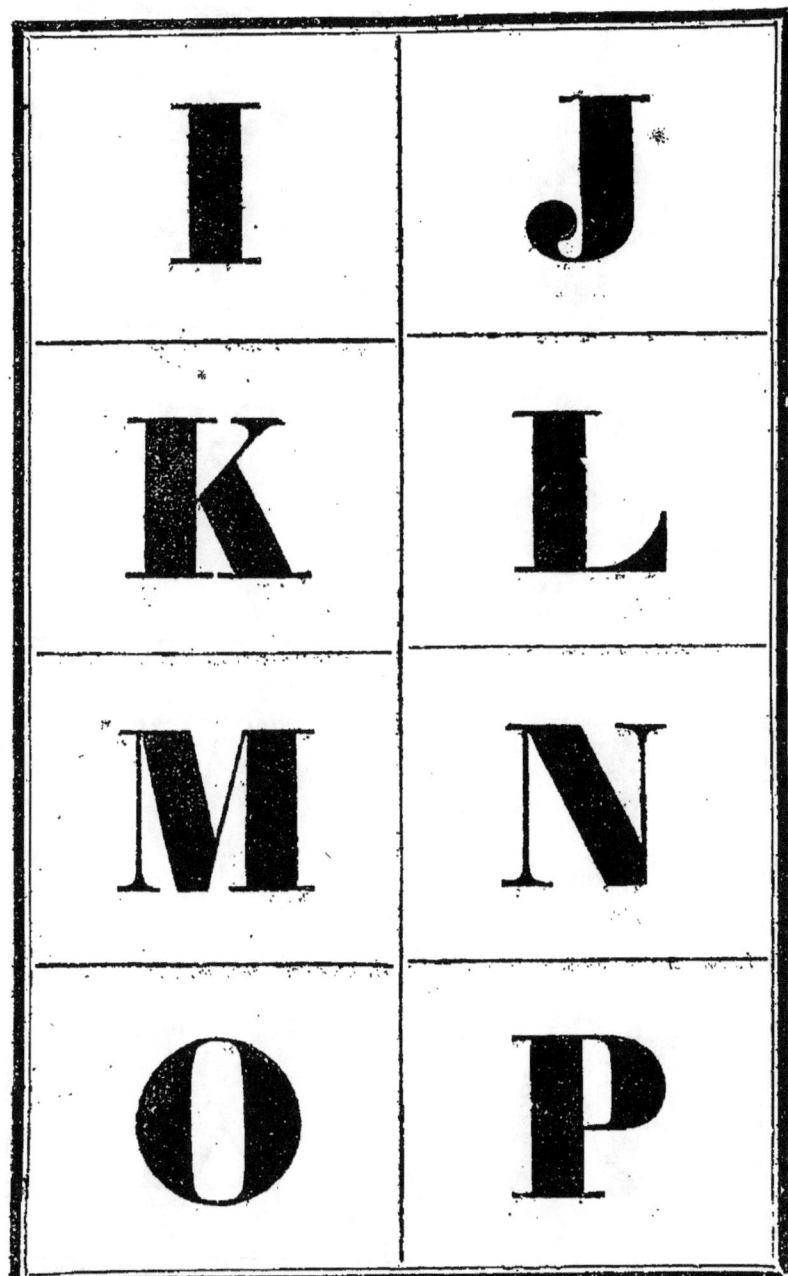

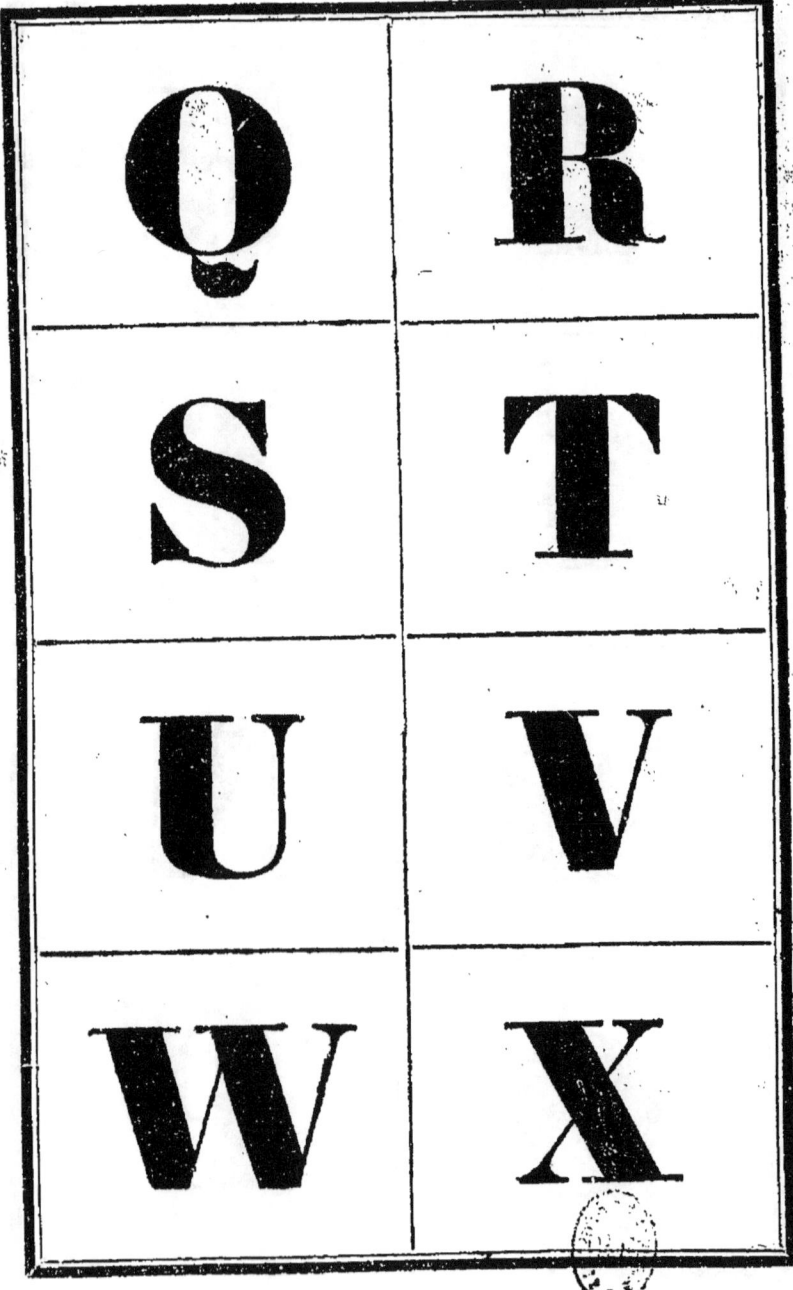

Y Z

Capitales Italiques.

A B C D E F G
H I J K L M N
O P Q R S T U
V W X Y Z.

Alphabet en caractère romain.

a	b	c	d	e	f	g
h	i	j	k	l	m	n
o	p	q	r	s	t	u
v	w	x	y	z.		

Alphabet en caractère italique.

a	*b*	*c*	*d*	*e*	*f*	*g*
h	*i*	*j*	*k*	*l*	*m*	*n*
o	*p*	*q*	*r*	*s*	*t*	*u*
v	*w*	*x*	*y*	*z.*		

Alphabet en écriture.

ANGLAISE.

a b c d e f g h i j k l m n o
p q r s t u v w x y z.

MAJUSCULES.

A B C D E F G H I K
L M N O P Q R S T U
V W X Y Z &.

RONDE.

a b c d e f g h i
j k l m n o p q r
s t u v w x y z.

MAJUSCULES.

A B C D E F G H K
L M N O P Q R S T U V
W X Y Z.

æ œ fi ffi fl ffl ff w.
œ œ fi ffi fl ffl ff w.
œuf, bœuf, œil.

Voyelles.

a e i o ou y o u.

Syllabes.

ba	be	bi	bo	bu
ca	ce	ci	co	cu
da	de	di	do	du
fa	fe	fi	fo	fu
ga	ge	gi	go	gu
ha	he	hi	ho	hu
ja	je	ji	jo	ju

ka ke ki ko ku
la le li lo lu
ma me mi mo mu
na ne ni no nu
pa pe pi po pu
qua que qui quo qu
ra re ri ro ru
sa se si so su
ta te ti to tu
va ve vi vo vu
xa xe xi xo xu
za ze zi zo zu

Mots divisés par syllabes.

pa pa.

ma man.

fan fan.

do do.

jou jou.

tou tou.

mi mi.

chou chou.

bon bon.

din don.

pan pan.

pâ té.

se rin.

vo lant.
a mi.
pa vé.
ga zon.
cou teau.
bon net.
cha peau.
cor don.
la cet.
sou lier.
cou sin.
voi sin.
jar din.
ha bit.

pois son.

poi son.

bal lon.

bâ ton.

por trait.

ta bleau.

mar chand.

ge nou.

a bri cot.

ce ri se.

ba lan ce.

ar ti chaut.

ma da me.

car ros se.

ca lot té.
ser vi teur.
pa ra sol.
a mi tié.
gé né ral.
bil bo quet.
fa ci li té.
vi va ci té.
ba di na ge.
cou ver tu re.
é tour de rie.
a mu se ment.
en tê te ment.
heu reu se ment.

en chan te ment.

im po li tes se.

il lu mi na tion.

in vi si ble ment.

im pi to ya ble ment.

com pa ra ti ve ment.

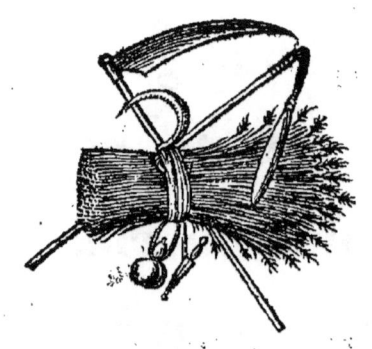

PHRASES DIVISÉES
PAR SYLLABES.

La ro se em bau me ; le char don pi que ; l'é pi ne bles se.

Le mou lin tour ne ; les char bons brû lent.

Les mou tons ont qua-tre jam bes ; ils mar-chent.

Les moi neaux ont deux pat tes et deux ai les ; ils vo lent.

Les car pes n'ont ni jambes ni ai les ; el les ont des na geoi res, et vi vent dans l'eau.

Les li ma çons se ren fer ment dans leur co -- quil le.

Vo yez le ci el bril lant d'é toi les, la ter re cou ver te de fleurs et d'a ni - maux, les ar bres char gés de fruits : c'est Dieu qui a fait tout ce la ; lui seul est tout - puis sant.

Pour plai re à Dieu, il faut que cha cun fas se son de voir.

Le de voir d'un en fant est d'o bé ir à ses pa- rens, de cher cher tout ce qui peut leur fai re plai sir.

Les hom mes ont é té faits pour s'ai mer; ils sont ré u nis en so ci- é té pour se ren dre ser vi ce les uns aux au- tres.

Celui qui ne veut être utile à personne n'est pas digne de vivre avec les autres hommes.

Les militaires défendent l'état; les juges font rendre à chacun ce qui lui est dû; les marchands procurent tout ce dont on a besoin; les ouvriers le préparent.

Les prêtres sont les gardiens de la morale.

Les savans nous expliquent les merveilles de la nature; les artistes nous en représentent les beautés; le philosophe est celui qui aime la sagesse, et qui fait tout pour elle.

La sagesse d'un enfant le rend plus aimable; il exécute avec plaisir ce qu'on lui demande.

Il faut être bon père,

bon fils, bon a mi, bon é poux et o bé ir aux lois.

La vé ri té est si bel- le ! Ne men tez ja mais : on ne croit plus ce lui qui a men ti u ne fois, quand mê me il dit la vé ri té.

La co lè re nous fait res sem bler aux a ni- maux fé ro ces qui se jet- tent sur ce qu'ils trou- vent.

PETITES PHRASES

FACILES.

Dieu a tout fait; il punit les méchans; il récompense les bons.

Le feu brûle.

Il faut aimer tout le monde.

Ne pas pleurer, être obéissant et propre; il ne faut pas faire de mal aux animaux.

Ne mangez pas trop.

Soyez doux et ne salissez pas vos habits.

Serrez vos joujoux pour les retrouver.

Soyez complaisant.

On se moque des petits ignorans.

On aime les petits savans; les paresseux meurent de faim quand ils sont vieux.

PETITES PHRASES

UN PEU PLUS LONGUES,

tirées de l'Ecriture sainte.

Enfans, obéissez à vos pères, à vos mères, en ce qui est selon le Seigneur, car cela est juste.

Honorez votre père et votre mère afin que vous soyez heureux et que vous viviez long-temps sur la terre.

Portez honneur et respect à ceux qui ont les cheveux blancs.

Vous aimerez le Seigneur, votre Dieu, de tout votre cœur, de toute votre âme et de tout votre esprit.

Rien ne manque à ceux qui craignent le Seigneur.

Le juste est plus heureux avec le peu de biens qu'il possède, que les méchans avec leurs grands biens.

Vous aimerez votre prochain comme vous-même.

Traitez les autres comme vous voudriez en être traité.

La crainte du Seigneur est le commencement de la sagesse.

Ecoutez avec docilité ce que l'on vous dit, afin de le bien comprendre et de donner une réponse sage et juste.

Instruisez-vous avant que de parler.

Mes enfans, ne parlez pas mal des uns et des autres : celui qui médit de son frère parle contre la loi.

Ne rendez à personne le mal pour le mal.

Celui qui ne veut point travailler, ne doit point manger.

L'homme est né pour le travail, comme l'oiseau pour voler.

Nous paraîtrons tous au tribunal de Dieu, et chacun rendra compte de ses actions.

DES VOYELLES LONGUES ET BRÈVES.

Les voyelles longues sont celles sur lesquelles on appuie plus long-temps que sur les autres, en les prononçant.

Les voyelles brèves sont celles sur lesquelles on appuie moins long-temps; par exemple : *a* est long dans *pâte*, pour faire du pain, et il est bref dans *patte* d'animal.

e est long dans *tempête*, et il est bref dans *trompette*.
i est long dans *gîte*, et bref dans *petite*.
o est long dans *apôtre*, et bref dans *dévote*.
u est long dans *flûte*, et bref dans *butte*.

Des accens.

Pour marquer les différentes sortes d'*e*, et les voyelles, on emploie trois petits signes qu'on appelle accens, savoir: l'accent aigu (´) qui se met sur les *e* fermés comme *collé*, afin qu'on ne dise pas *colle*, et *pâté* pour qu'on ne dise pas *pâte*.

L'accent grave (`) se met sur les *e* ouverts, comme dans *mère* et *misère*, qu'il faut prononcer à peu près comme s'il y avait *maire*, *misaire*.

L'accent circonflexe (ˆ) se met sur les voyelles longues, comme dans *dôme*, *âme*, *côte*, etc.

Petit modèle de bonne conduite que doit imiter tout enfant qui veut se faire aimer de Dieu et de ses parens; ou la journée du petit Colin.

Aussitôt que Colin était éveillé, son premier soin était de joindre ses petites mains et de remercier Dieu de lui avoir fait passer une bonne nuit. Ensuite si son papa et sa maman étaient éveillés, il allait leur souhaiter le bonjour et les embrasser. Quand il était habillé, débarbouillé et ses petites mains lavées (car il faut observer que Colin n'aurait pas déjeuné avec ses mains sales) il commençait par faire sa prière accoutumée, qui était de remercier Dieu d'avoir conservé la santé à son papa et à sa maman, et le prier de lui faire la grâce de passer la journée sans les fâcher. Après son déjeuner, Colin prenait son Abécédaire; il allait dans un petit coin pour ne pas être interrompu, et là il étudiait bien tranquillement la petite leçon qu'on lui avait donnée la veille, et qu'il ne quittait pas sans la savoir : alors bien content de lui il allait la répéter à sa maman qui, pour récompense, l'embrassait et lui permettait de jouer jusqu'à l'heure du dîner. A dîner, Colin ne manquait jamais de dire son *Benedicite*; ensuite il mangeait beaucoup de soupe, quoiqu'il ne l'aimât pas trop; mais il savait que cela lui faisait du bien, que cela était raisonnable, et qu'il contentait ainsi son papa et sa maman.

Après dîner, Colin remerciait Dieu de la nourriture qu'il lui avait accordée, il allait laver ses petites mains, et venait demander à sa maman la permission de jouer pendant une heure ; ensuite il venait chercher sa petite leçon à étudier pour le lendemain. Colin, quoiqu'il fût bien petit, ne se serait jamais couché, quelqu'envie de dormir qu'il eût, sans faire sa prière du soir, parce que son papa et sa maman, qui étaient d'honnêtes gens, lui avaient appris de bonne heure que nous tenons tout de Dieu, et que c'est être un ingrat que d'oublier de le remercier de tout le bien qu'il nous fait ; et le petit Colin disait toujours après sa prière : *Je vous remercie aussi, mon Dieu, de m'avoir donné un si bon papa et une si bonne maman.* Cela était d'autant plus gentil, qu'on ne lui avait pas appris cette petite prière. Il faut avouer que le petit Colin était bien récompensé d'une si bonne conduite ; car non-seulement il avait le bonheur de se voir chéri de ses bons parens ; mais tout le monde l'aimait, le caressait, et le donnait pour modèle aux autres enfans. Et tous ceux qui l'ont imité ont été aimés, chéris et fêtés comme lui. Lorsque Colin sut lire passablement, son papa, qui voulait lui faire aimer la lecture, lui acheta, en différentes fois, les petits ouvrages les plus propres à l'amuser et à l'instruire ; tels que *les contes à ma petite Fille et à mon petit Garçon*, pour les amuser, les instruire et les corriger des petits défauts de leur âge, 1 vol. in-12, gros caractères, orné de 24 jolies figures.

Histoire de M. Croque-Mitaine et de Brique-à-Braque, etc., 1 vol. in-18, gros caractères, orné de 8 figures.

Nouveaux choix de jolies Historiettes intéressantes et morales, 1 vol. in-18, orné de 16 figures.

Les *Abrégés de la Géographie*, de l'*Histoire Sainte*, de l'*Histoire de France*, de l'*Histoire Naturelle*, des *Fables d'Esope*, de la *Mythologie*, etc. Tous ces livres et beaucoup d'autres dans le même genre, sont bien imprimés en gros caractères sur beau papier, et tous ornés d'un grand nombre de jolies figures, très-propres à amuser et instruire les enfans. On les trouve chez les libraires, avec les plus jolis livres en Piété, Education, Histoires, etc., pour donner en présent au jour de l'an, aux mariages, aux fêtes et en prix dans les pensions.

Prières du matin.

Mon Dieu, je vous donne mon cœur, prenez-le, s'il vous plaît, et faites par votre grâce que nulle créature ne le possède que vous seul.

L'Oraison Dominicale.

No-tre Pè-re qui ê-tes dans les Ci-eux. Que vo-tre nom soit sanc-ti-fi-é. Que vo-tre rè-gne ar-ri-ve. Que vo-tre vo-lon-té soit fai-te en la ter-re com-me au Ci-el. Don-nez-nous au-jour-d'hui no-tre pain de cha-que jour. Et par-don-nez-nous nos of-fen-ses, com-me nous par-don-nons à ceux qui nous ont of-fen-sés. Et ne nous a-ban-don-nez point à la ten-ta-ti-on; mais dé-li-vrez-nous du mal. Ain-si soit-il.

La Salutation Angélique.

Je vous sa-lue, Ma-rie, plei-ne de grâ-ces, le Sei-gneur est a-vec vous ; vous fû-tes bé-nie en-tre tou-tes les fem-mes, et Jé-sus, le fruit de vos en-trail-les, est bé-ni.

Sain-te Ma-rie, mè-re de Dieu, pri-ez pour nous, pau-vres pé-cheurs, main-te-nant et à l'heu-re de no-tre mort. Ain-si soit-il.

Acte de Foi.

Mon Dieu, je crois fermement tout ce que votre sainte église catholique croit ; parce que c'est vous, ô Vérité infaillible, qui l'avez dit.

Acte d'Espérance.

Mon Dieu, j'espère le pardon de mes pé-chés et mon salut, par votre miséricorde et par les mérites infinis de Notre Seigneur Jé-sus-Christ, notre Sauveur.

Notre Père, etc.

Acte de Charité.

Mon Dieu, faites-moi la grâce de vous aimer de tout mon cœur, de toute mon âme, de toutes mes forces, et mon prochain comme moi-même, pour l'amour de vous.

Prières du soir.

Nous vous supplions, Seigneur, de visiter cette demeure, et d'en éloigner toutes les embûches du démon; que vos saints Anges y habitent, pour nous y conserver en paix, et que votre bénédiction demeure toujours sur nous; par Jésus-Christ notre Seigneur. Ainsi soit-il.

Le symbole des Apôtres.

Je crois en Di eu, le pè re tout-puis sant,

Cré a teur du ci el et de la Ter re. Et en Jé sus-Christ son fils u ni que, no tre Seigneur. Qui a é té con çu du Saint-Es prit, est né de la vier ge Ma rie. Qui a souf fert sous Pon ce Pilate, a é té cru ci fié, est mort, et a ét é en se ve li. Qui est descen du aux enfers, et le troi si è me jour est ressus ci té des morts. Qui est mon té aux cieux, est as sis à la droi te de Di eu, le pè re tout-puis sant. Et qui de là vien dra ju ger les vi vans et les morts.

Je crois au Saint-Es prit, la sain te église ca tho li que, la com mu ni on des Saints ; la ré mis si on des pé chés, la ré sur rec ti on de la chair, la vie é ter nel le. Ain si soit-il.

La confession des péchés.

JE me con fes se à Dieu tout-puissant, à la bien heu reuse Ma rie tou jours vier ge, à saint Mi chel Ar c han ge, à saint Jean-Baptis te, aux A pô tres, saint Pier re, saint Paul et à tous tes Saints; parce que j'ai beaucoup péché par pensées, par paroles et par actions. J'ai péché par ma faute, par ma faute, par ma très-grande faute. C'est pourquoi je supplie la bienheureuse Marie toujours Vierge, saint Michel Archange, saint Jean-Baptiste, les Apôtres saint Pierre, saint Paul, et tous les saints, de prier pour moi le Seigneur, notre Dieu.

Prière pour les vivans et les morts.

Répandez, Seigneur, vos bénédictions sur mes parens, mes bienfaiteurs, mes amis et mes ennemis. Protégez tous ceux que vous m'avez donné pour maîtres, tant spirituels que temporels ; secourez les pauvres, les prisonniers, les affligés, les voyageurs, les malades et les agonisans.

Prières avant le repas.

Que la main de Jésus-Christ nous bénisse, et la nourriture que nous allons prendre.

Au nom du Père, etc.

Prière après le repas.

Nous vous rendons grâces pour tous vos bienfaits, et principalement pour la nourriture que vous venez de nous donner, ô Dieu tout-puissant, qui vivez et régnez dans tous les siècles des siècles.

TABLEAU DES CHIFFRES.

	Chiffres Arabes	Chiffres Romains
Un.	1	I.
Deux.	2	II.
Trois.	3	III.
Quatre.	4	IV.
Cinq.	5	V.
Six.	6	VI.
Sept.	7	VII.
Huit.	8	VIII.
Neuf.	9	IX.
Dix.	10	X.
Onze.	11	XI.
Douze.	12	XII.
Treize.	13	XIII.
Quatorze.	14	XIV.
Quinze.	15	XV.
Seize.	16	XVI.
Dix-sept.	17	XVII.
Dix-huit.	18	XVIII.
Dix-neuf.	19	XIX.
Vingt.	20	XX.
Vingt-un.	21	XXI.
Vingt-deux.	22	XXII.

Vingt-trois.	23	XXIII.
Vingt-quatre.	24	XXIV.
Vingt-cinq.	25	XXV.
Vingt-six.	26	XXVI.
Vingt-sept.	27	XXVII.
Vingt-huit.	28	XXVIII.
Vingt-neuf.	29	XXIX.
Trente.	30	XXX.
Quarante.	40	XL.
Cinquante.	50	L.
Soixante.	60	LX.
Soixante-dix.	70	LXX.
Quatre-vingts.	80	LXXX.
Quatre-vingt-dix.	90	XC.
Cent.	100	C.
Quatre cents.	400	CD.
Cinq cents.	500	D.
Mille.	1000	M.

DE L'ÉCRITURE.

Deux choses sont indispensables pour bien écrire, et nous ne saurions trop les recommander aux enfans; c'est la bonne position du corps, et surtout la tenue de la plume.

De la position du corps.

Pour écrire aisément et avec grâce, il est nécessaire que le siége et la table soient disposés de manière qu'é-ant assis, les coudes se posent aisément sur la table. Le corps doit être placé droit devant la table, sans que l'estomac y touche; le siége doit porter tout le poids du corps; de sorte que les deux avant-bras posent légèrement sur la table, observant de ne point renverser le corps à gauche ou à droite. Le poignet doit être un peu élevé; de sorte qu'il doit être entièrement supporté par l'auriculaire et l'annulaire, c'est-à-dire par le petit doigt et le doigt suivant. L'auriculaire doit être entièrement placé sous l'annulaire; ils seront, dans cette position et dans leur extrémité, séparés des autres d'un travers de doigt ou environ, et leur pointe doit être un peu en arrière de la première phalange du pouce, de façon qu'ils puissent glisser avec facilité. La régularité et la vitesse de l'écriture dépendent en grande partie de la bonne situation de ces deux doigts, qui doivent continuellement soutenir la main, en sorte qu'elle n'incline ni à droite ni a gauche pour que les effets de la plume soient toujours uniformes.

Toutes les situations devant être libres et naturelles, la disposition des bras détermine celles des jambes ; c'est-à-dire que pour écrire sans gêne ni contrainte, en donnant au corps toute la force de l'équilibre, il faut que la jambe gauche soit placée en avant, et la droite un peu en arrière sous la table, l'une ou l'autre sans être croisée, les pieds dans leur situation naturelle.

De la manière de tenir la plume.

On doit tenir la plume avec le pouce et le doigt majeur (celui du milieu de la main); ce dernier doit être allongé, sans raideur ; l'index (le doigt voisin du pouce) doit être allongé comme le doigt majeur, et poser légèrement sur la plume. Le pouce doit être plié : de sorte que son extrémité se trouve vis-à-vis le milieu de la première phalange de l'index. On doit observer de ne point trop serrer la plume : cette habitude est très-mauvaise en ce qu'elle empêche la flexibilité du pouce, contribue beaucoup à rendre l'écriture lente, dure et pesante.

IDÉE DE L'UNIVERS,

Ou petit tableau des premières connaissances qui doivent précéder et faciliter l'étude de la Géographie et de l'Histoire.

PREMIÈRE LEÇON.

On appelle Univers tout ce qui existe, c'est-à-dire tout ce que nous voyons et ce que nous pouvons voir, le ciel, les étoiles, le soleil, la lune, la terre et tous les êtres qui l'habitent. L'Univers est l'ouvrage de Dieu. Il l'a fait ou créé en six jours. Le premier jour il a créé la lumière ou le soleil; le second il a fait le ciel; le troisième jour il a créé la terre que nous habitons; le quatrième jour il a fait la lune, les étoiles et tous ces astres lumineux et brillans que nous voyons au ciel pendant la nuit; le cinquième il a créé tous les animaux qui sont sur la terre, dans les eaux et dans les airs; et le sixième et dernier jour, Dieu a créé l'homme et la femme qui sont les êtres les plus parfaits, lorsqu'ils observent la loi du Seigneur qui leur commande d'être bons, justes, travailleurs, économes et reconnaissans envers Dieu pour tous les biens qu'ils en reçoivent.

II.e LEÇON.

De tout ce qui compose l'Univers, c'est la terre qu'il nous est le plus nécessaire de connaître, parce que nous l'habitons. La terre est une grosse et énorme boule; elle est divisée ou partagée en deux parties, l'une qu'on nomme l'ancien continent et le nouveau continent, c'est la terre sur laquelle nous marchons; et l'autre qu'on nomme la mer, qui est ce grand amas d'eau sur lequel vont les vaisseaux.

III.e LEÇON.

La terre proprement dite est divisée ou partagée en cinq grandes parties qu'on appelle les cinq parties du monde. La première, qui est celle que nous habitons, se nomme Europe; c'est pourquoi on nous appelle Européens. La seconde partie se nomme Asie; on appelle Asiatiques ceux qui l'habitent. La troisième partie se nomme Afrique; on appelle ses habitans Africains. La quatrième partie se nomme Amérique; c'est pourquoi on appelle ses habitans Américains. La cinquième et dernière partie se nomme Océanie; on appelle ses habitans Océaniens.

IV.e LEÇON.

Europe.

L'Europe, qui est la plus petite des cinq parties du monde est appelée la première, à cause qu'elle est plus habitée que les autres, et que ses habitans sont généralement plus doux, plus polis et surtout plus instruits que ceux des quatre autres parties du monde.

L'Europe, cette partie de la terre, est elle-même partagée en beaucoup de parties plus ou moins grandes qu'on appelle Empires, Royaumes et Républiques.

V.e LEÇON.

On appelle Empire une partie de terre ou pays qui est gouvernée par un chef qu'on nomme Empereur. On appelle Royaume, un pays où le chef est appelé Roi; et on nomme République un pays gouverné par plusieurs hommes, qu'on nomme ordinairement Sénateurs.

VI.e LEÇON.

J'ai dit plus haut que la terre est partagée

en cinq parties, nommées Europe, Asie, Afrique, Amérique et Océanie, que l'Europe est la partie que nous habitons, et que cette première partie est elle-même partagée en plusieurs pays plus ou moins grands, nommés Empires, Royaumes et Républiques. Ces pays ont chacun leur nom pour les distinguer; comme le Royaume de France, l'Empire d'Allemagne, l'Empire de Russie; les Royaumes d'Italie, des Deux-Siciles, d'Angleterre, de Prusse; celui de Suède, d'Espagne, etc., etc.; la République Helvétique.

De tous ces pays, nous habitons le meilleur, qu'on nomme le royaume des Français.

VII.e LEÇON.

De la Géographie.

On appelle Géographie la description du monde. On apprend la Géographie pour connaître 1.° la position, la grandeur et la population des cinq parties du monde; 2.° le nombre et les noms des Empires, Royaumes et Républiques qu'elles renferment; 3.° le nombre de villes et d'habitans qui composent chaque gouvernement; 4.º les descriptions des habitans, c'est-à-dire s'ils sont grands ou petits, blancs, noirs ou jaunes, bons ou méchans, savans ou ignorans, etc., etc. (1)

VIII.ᵉ LEÇON.

De l'Histoire.

L'Histoire est le récit véritable des événemens passés. On apprend l'histoire pour savoir 1.º comment le monde a été créé; 2.º comment se sont formés les Empires, Royaumes et Républiques; 3.º et enfin ce qui s'est passé de remarquable dans chaque Empire, Royaume et République depuis leur établissement.

Pour faciliter aux enfans l'étude de la Géographie, de l'Histoire Sainte, de l'Histoire de France, etc., de la Mythologie, de l'Histoire Naturelle, etc., dont tout enfant bien élevé doit avoir une idée, on en a fait d'excellens abrégés, bien faciles à comprendre et à retenir, et tous imprimés en gros caractères, et sur beau papier, et

---

(1) Nous ne saurions trop recommander aux parens l'acquisition des excellens ATLAS publiés par la société nationale. Ils se trouvent chez tous les libraires de France.

ornés chacun de beaucoup de jolies figures propres à intéresser les enfans et à leur faire aimer la lecture. Tous ces abregés, de format in-12 et du prix de 15 à 20 sous chaque, se trouvent chez les libraires.

PETITES LEÇONS

D'ARITHMÉTIQUE.

Pour bien compter, il faut connaître les chiffres et les quatre règles fondamentales du calcul, qui sont l'Addition, la Soustraction, la Multiplication et la Division.

Il y a dix chiffres, dont voici les noms.

1	2	3	4	5	6
un	deux	trois	quatre	cinq	six
7	8	9	0		
sept	huit	neuf	zéro.		

Première Règle. L'Addition.

Additionner, veut dire assembler. Si l'on te donnait d'abord une prune, ensuite trois prunes et après deux prunes, et qu'on te demandât combien tu as de prunes, voici comment il faudrait les poser pour en faire l'addition :

    Reçu la première fois,   1 prune.
    La seconde fois,   3 prunes.
    Et la troisième fois,   2 prunes.

            Total.......... 6 prunes.

Pour les additionner, tu diras 1 et 3 font 4, 4 et 2 font 6.

Seconde Règle. La Soustraction.

Soustraire, veut dire ôter. Si des 6 prunes qu'on t'a données, on en ôtait 2, combien t'en resterait-il ? Voilà comment il faut faire pour le savoir :

Tu diras : on m'a donné 6 prunes,
On m'en ôte 2. Qui de 6 ôte 2,
Reste...... 4.

Troisième Règle. — La Multiplication.

Multiplier, veut dire augmenter. Si vous étiez trois enfans, et qu'on voulût vous donner à chacun 4 prunes pour déjeuner, combien en faudrait-il ? Pour le savoir, tu diras :

à 3 enfans
donner 4 prunes

Il en faut 12, parce que 3 fois 4 prunes font 12 prunes.

Quatrième Règle. — La Division.

Diviser, veut dire partager. Si, quand les 12 prunes ont été apportées, il était venu un petit camarade déjeuner, il aurait bien fallu partager aussi ces 12 prunes avec lui, et alors vous n'auriez pu en avoir chacun 4. Combien donc, en partageant les 12 prunes entre 4 enfans, chacun en aurait-il eu ?

Pour le savoir, il faut dire, 12 | divisé par 4
| donne   3

Parce qu'en 12, il y a 4 fois 3.

Pour te faciliter les multiplications, je vais te dresser une table du produit de tous les nombres, deux par deux, depuis 1 jusqu'à 9, inclusivement.

1	2	3	4	5	6	7	8	9
2	4	6	8	10	12	14	16	18
3	6	9	12	15	18	21	24	27
4	8	12	16	20	24	28	32	36
5	10	15	20	25	30	35	40	45
6	12	18	24	30	36	42	48	54
7	14	21	28	35	42	49	56	63
8	16	24	32	40	48	56	64	72
9	18	27	36	45	54	63	72	81

Suppose, mon ami, que tu veuilles savoir combien, par exemple, font 7 fois 6, cherche la case qui répond à 7 dans le premier rang horizontal supérieur, et à 6 dans le premier rang vertical de la gauche (ou réciproquement), le nombre 42 placé au point de rencontre de ces deux cases sera le produit cherché, et ainsi des autres.

FIN.

www.ingramcontent.com/pod-product-compliance
Lightning Source LLC
LaVergne TN
LVHW021705080426
835510LV00011B/1606